토익 기본기 완성   Week **14**

주제 / 목적을 묻는 문제

Part 3에서는 대화 하나당 세 문제씩 출제되는데, 그 중 첫 번째 문제로 잘 나오는 문제 유형입니다. 화자들이 나누고 있는 대화의 주제 혹은 전화를 건 목적을 묻습니다. 주제나 목적의 힌트는 대화의 첫 부분에 제시되므로, 첫 번째 화자의 말을 잘 들어야 합니다.

매장을 옮기는 일이
일정대로 되어가나요?

네, 건물 매니저에게 7월 1일에
이사 간다고 얘기해 뒀어요.

대화를 듣고 대화의 주제가 무엇인지 맞혀 보세요.

> **M:** Are we on schedule to **move our store to the new location** next month?
>
> **W:** Yes, and I already told the building manager that we'll be **moving out** on July 1.

·········· Q. 대화 주제?
A. 매장 위치를 옮기는 것

남: 우리가 다음 달에 매장을 새로운 곳으로 옮기는 일이 일정대로 되어 가나요?
여: 네, 제가 이미 건물 매니저에게 7월 1일에 이사 갈 거라고 얘기해 뒀어요.

■ 주제/목적이 드러나는 문장 유형

❶ 첫 번째 화자의 질문

> What do you think about the **new e-mail policy**?
> 새 이메일 정책에 대해 어떻게 생각해요?

·········· 첫 번째 화자의 질문으로 시작해 두 번째 화자가 답하면서 대화가 전개되는 경우
첫 번째 화자의 질문에 주제가 포함되어 있어요.

❷ 전화한 용건을 말하는 문장

> Hi, **I'm calling to inquire about** the refund policy.
> 안녕하세요, 환불 정책에 대해 문의하려고 전화했어요.

·········· 전화 목적을 묻는 문제의 정답은 99%
I'm calling to ~ 다음에 나온답니다.

■ 주제/목적을 묻는 문제 형태

문제를 읽을 때는 문장 전체를 읽고 해석하지 말고 핵심 부분만 빠르게 보고 무엇을 묻는 문제인지 알아차려야 합니다. 주제/목적 문제의 정답 단서는 주로 첫 대사에 나오므로 대화 시작 부분에 집중해 첫 대사를 놓치지 않도록 하세요.

What is the conversation **mainly about**?
대화는 주로 무엇에 관한 것인가?

What are the speakers **mainly discussing**?
화자들은 주로 무엇을 이야기하고 있는가?

What is the **main topic** of the conversation?
대화의 주제는 무엇인가?

Why is the **man calling**?
남자는 왜 전화하는가?

What is the **purpose of the call**?
전화의 목적은 무엇인가?

전화나 방문 목적을 묻는 문제에서 선택지는 To부정사구(~하기 위해) 형태로 제시되는 경우가 많아요.

Quiz

1 질문을 읽고 무엇을 묻는 문제인지 파악하세요.

Q. What are the speakers discussing?

2 대화를 듣고 빈칸을 채워보세요.

M: Hello. _____ at your hotel
for a conference on June 22.
W: No problem. How many people are you expecting to attend the event?
M: Probably 50.

3 질문과 선택지를 읽고 정답을 골라보세요.

Q. What are the speakers discussing?

(A) Checking in at a hotel
(B) Reserving a meeting space

 Hint
reserve a space at your hotel
for a conference
→ Reserving a meeting space

│ 정답 및 해설 p. 23

Practice | 정답 및 해설 p. 23

오늘 배운 내용을 바탕으로 연습문제를 풀어 보세요.

1 What are the speakers discussing?

(A) Clothing
(B) New programs
(C) Meeting schedules
(D) Some events

2 What do the speakers say about the product?

(A) It is not advertised enough.
(B) It sells very well now.
(C) It will be discounted.
(D) It has beautiful designs.

3 What does the man suggest doing?

(A) Holding events more often
(B) Offering a membership
(C) Providing more options
(D) Having a meeting with managers

4 Why is the man calling?

(A) To purchase an item
(B) To enroll in a class
(C) To register for an event
(D) To inquire about a program

5 According to the woman, what does the man have to do?

(A) Attend an event
(B) Complete a form
(C) Call another number
(D) Read a manual

6 What does the woman request?

(A) The man's payment information
(B) The man's home address
(C) The man's company's name
(D) The man's phone number

Today's VOCA

01 refrain ★

뤼쁘뤠인 [rifréin]

통 삼가다, 자제하다

Please **refrain** from taking photos inside the museum.
박물관 내에서는 사진 촬영을 삼가십시오.
* refrain from -ing ~하는 것을 삼가다

02 assurance ★

어슈어뤈스 [əʃúərəns]

명 보장, 확신

give complaining customers one's **assurance** that
불평하는 고객들에게 ~라고 보장해주다

03 enjoy ★

인줘이 [indʒɔ́i]

통 즐기다

enjoy one's time
즐거운 시간을 보내다

📖 **enjoyable** 형 유쾌한, 즐거운

04 typically ★

티피컬리 [típikəli]

부 보통, 일반적으로, 전형적으로

Tourism **typically** peaks during the summer. 관광은 보통 여름철에 절정에 이른다.

📖 **typical** 형 전형적인, 일반적인

05 attract ★★★★

어추뤡(트) [ətrǽkt]

통 끌어들이다, 마음을 끌다, 유인하다

attract tourists to the area
관광객들을 지역으로 끌어들이다

📖 **attraction** 명 매력, 명소

06 feature ★★★

쀠-춰ㄹ [fíːtʃər]

통 특별히 포함하다, 특집으로 다루다 명 특색

feature a famous jazz band
유명 재즈 밴드를 특별히 모시다

07 otherwise ★★★

어더ㄹ와이즈 [ʌ́ðərwaiz]

부 달리, 다른 식으로, 그렇지 않다면

suggest **otherwise**
달리 시사하다

08 beneficial ★★★

베너쀠셜 [benəfíʃəl]

형 이로운, 유익한

beneficial in several ways
여러 면에서 이로운

📖 **benefit** 명 이득 통 이득을 얻다

관계사 ❷

📖 관계대명사의 종류

앞선 Day에 언급한 것처럼 관계대명사의 종류에는 who, which, that, whose, whom이 있습니다. 관계대명사는 대명사의 기능도 하기 때문에 각각의 격에 맞춰 사용되어야 합니다. 인칭대명사에서 배웠던 것처럼 주격, 목적격, 소유격이 있고, 관계대명사가 주어 자리에 들어가면 주격, 목적어 자리에 들어가면 목적격, 소유관계를 나타내면 소유격을 사용하면 됩니다. 이때 관계대명사가 수식하는 명사인 선행사가 사람인지 사물인지에 따라 쓸 수 있는 관계대명사 종류가 다르므로 유의해야 합니다.

선행사	주격	목적격	소유격
사람	who, that	whom, that	whose
사물	which, that	which, that	whose

■ 주격

주격 관계대명사 who/which/that은 주어 역할을 하기 때문에 항상 뒤에 동사가 와야 합니다. 따라서 빈칸이 관계대명사 자리이고, 빈칸 뒤에 동사가 있다면 주격 관계대명사를 정답으로 고르면 됩니다. 선행사가 사람일 경우는 who 또는 that을, 사물일 경우에는 which 또는 that을 씁니다.

⋯⋯ who 대신 that을 사용해도 돼요.

We were looking for **a chef who has** his own restaurant.
우리는 자신의 식당을 가지고 있는 요리사를 찾고 있었다.

Work safety is **something which is** always important.
작업장 안전은 항상 중요한 것이다.

⋯⋯ which 대신 that을 사용해도 돼요.

■ 목적격

목적격 관계대명사 whom/which/that은 목적어 역할을 하기 때문에 항상 뒤에 주어와 동사가 위치합니다. 따라서 빈칸이 관계대명사 자리이고, 빈칸 뒤에 주어와 동사가 있다면 목적격 관계대명사를 정답으로 고르면 됩니다. 선행사가 사람일 경우는 whom 또는 that을, 사물일 경우에는 which 또는 that을 씁니다.

······ whom 대신 that을 사용해도 돼요.

The HR manager called applicants whom she interviewed.
인사부 부장이 면접 봤던 지원자들에게 전화했다.

I have received the jacket which I ordered yesterday.
나는 어제 주문했던 자켓을 받았다.

······ which 대신 that을 사용해도 돼요.

 목적격 관계대명사의 생략

관계대명사 중 목적격 관계대명사는 항상 생략할 수 있습니다. 관계대명사가 필요한 문장에서 목적격 whom/which/that이 보이지 않더라도 「선행사 + (목적격 관계대명사) + 주어 + 동사」 구조임을 꼭 기억해두세요.

······ topics와 we 사이에 which나 that이 생략되어 있어요.

The topics we will discuss at the next meeting are attached to the e-mail.
다음 회의에서 우리가 논의할 주제들은 이메일에 첨부되어 있다.

■ 소유격

소유격 관계대명사는 수식하는 명사의 소유자를 나타내기 때문에 항상 뒤에 명사가 옵니다. 따라서 빈칸이 관계대명사 자리이고, 빈칸 뒤에 명사가 있다면 소유격 관계대명사를 정답으로 고르면 됩니다. 선행사가 사람이든 사물이든 whose를 사용하며, that을 대신 사용할 수 없습니다.

······ whose score = The candidate's score

The candidate whose score is the highest will be hired next week.
점수가 가장 높은 후보자가 다음 주에 채용될 것이다.

▲ 강의 바로보기

오늘 배운 내용을 바탕으로 연습문제를 풀어 보세요.

1 Mr. Powell wrote the report ------- we reviewed last week.

(A) who
(B) which
(C) whom
(D) whose

memo

2 A free keyboard is provided to customers ------- purchase this latest model.

(A) whom
(B) that
(C) whose
(D) which

3 The person ------- job is to process job applications is the human resources manager, Susan Nelson.

(A) who
(B) which
(C) whose
(D) when

4 Any hotel guests ------- need to conduct meetings can use our fully-equipped conference room.

(A) who
(B) whose
(C) which
(D) them

5 The Tick Tock Shop is a family-run firm ------- specializes in repairing clocks and watches.

(A) who
(B) that
(C) when
(D) whose

Today's VOCA

01 contribution ★★★
칸추뤼뷰션 [kɑntrəbjúːʃən]
명 기여, 공헌, 기부, 기부금

make a **contribution** to
~에 기여하다
파 **contribute** 동 기부하다, 기고하다

02 later ★★★
레이터ㄹ [léitər]
형 나중의 부 ~후에, 나중에

reschedule the meeting for a **later** time
회의를 나중으로 다시 잡다

03 enthusiasm ★★★
인쑤지애즘 [inθúːziæzm]
명 열정, 열광

greet guests with **enthusiasm**
열정적으로 손님들을 맞이하다
파 **enthusiastic** 형 열정적인

04 popular ★★
파퓰러ㄹ [pápjulər]
형 인기 있는, 대중적인

make this year's event the most **popular** ever
올해의 행사를 역대 최고로 인기 있는 것으로 만들다

05 event ★★
이뷀(트) [ivént]
명 행사, 경우, 사건

prior to the **event**
행사 전에

06 instead ★★
인스텟 [instéd]
부 대신에

choose **instead** to focus on
대신 ~에 집중하기로 하다

07 sufficient ★★
써쀠션(트) [səfíʃənt]
형 충분한

need a **sufficient** supply of paper
충분한 종이 공급이 필요하다
파 **sufficiently** 부 충분히

08 participate ★★
파ㄹ티서페잇 [pɑːrtísəpeit]
동 참여하다, 참석하다

participate in the program
프로그램에 참여하다
파 **participant** 명 참가자

문제점을 묻는 문제

문제점을 묻는 문제가 나오면 대화에서 부정적인 내용(작동이 안 된다 / 너무 비싸다 / 재고가 없다 / 늦었다 등)이 나올 것을 예상합니다. 특히, 첫 번째 화자가 문제 상황을 꺼내는 경우가 많으므로 첫 번째 화자의 말을 놓치지 말고 잘 들어야 합니다.

> 컨퍼런스 참가 등록을 하고 싶은데, 제 신용카드가 안되네요.

> 괜찮아요. 등록하시고 나중에 지불하시면 됩니다.

대화를 듣고 여자가 말하는 문제점이 무엇인지 맞혀 보세요.

...... Q. 여자의 문제점?
A. 신용카드를 사용할 수 없다.

> **W**: Hello, I'm interested in attending this conference. I'd like to register, **but my credit card isn't working**.
>
> **M**: That's no problem. You can sign up now and then pay the fee later.

여: 안녕하세요, 이 컨퍼런스에 참석하는 것에 관심이 있습니다. 등록을 하고 싶은데 제 신용카드가 안되네요.
남: 괜찮아요. 지금 등록하시고 비용은 나중에 지불하시면 됩니다.

■ 문제점이 드러나는 문장 유형

❶ 문제가 있다

> **I'm having a problem** with the lights. They **aren't working properly**.
> 조명에 문제가 있어요. 제대로 작동하지 않아요.

❷ ~할 수 없다

> **I can't** stay for the whole conference.
> 전 컨퍼런스가 열리는 내내 있을 수 없어요.

❸ 부정적인 내용을 말하기 위한 신호

> **Unfortunately**, that train has been delayed.
> 안타깝게도, 그 기차는 연착되었어요.

■ 문제점을 묻는 문제 형태

질문에 problem, concerned, worried 등이 보이면 문제점을 묻는 문제임을 알아차려야 해요.

> **What** is the **problem**?
> 무엇이 문제인가?
>
> **What problem** does the **man mention**?
> 남자는 무슨 문제를 언급하는가?
>
> According to the man, **what caused** the **problem**?
> 남자에 따르면, 무엇이 문제를 일으켰는가?
>
> **What** is the **man concerned[worried]** about?
> 남자는 무엇에 대해 걱정하는가?

Quiz

1 질문을 읽고 무엇을 묻는 문제인지 파악하세요.

Q. What problem does the woman mention?

2 대화를 듣고 빈칸을 채워보세요.

W: Unfortunately, we've had some problems with the oven in our store.
_____. That's why I called the technician.
M: Oh, I'm glad you called him. We should get it fixed as soon as possible.

3 질문과 선택지를 읽고 정답을 골라보세요.

Q. What problem does the woman mention?

(A) Products are not selling well.
(B) A machine is not working properly.

Hint
won't turn on
→ is not working properly

정답 및 해설 p. 25

▲ MP3 바로듣기   ▲ 강의 바로보기

오늘 배운 내용을 바탕으로 연습문제를 풀어 보세요.

1 What type of event are the speakers discussing?

(A) A street parade
(B) A training workshop
(C) A board meeting
(D) A product launch

2 What industry do the speakers most likely work in?

(A) Fashion
(B) Catering
(C) Tourism
(D) Advertising

3 What problem does the woman mention?

(A) A client has canceled a service.
(B) An event space is too small.
(C) Some employees are unavailable.
(D) Some supplies were not delivered.

4 Where most likely are the speakers?

(A) At a car repair shop
(B) At a museum
(C) At a warehouse
(D) At an electronics store

5 What is the woman concerned about?

(A) The repair fees
(B) The number of employees
(C) The quality of a service
(D) The delivery time

6 What will the man probably do next?

(A) Contact other stores
(B) Make a presentation
(C) Visit the headquarters
(D) Talk to his coworker

Today's VOCA

01 postpone ★★
포우스트포운 [poustpóun]
동 연기하다

be **postponed** until next Friday
다음 금요일로 연기되다

02 ceremony ★★
쎄러모우니 [sérəmoúni]
명 기념식

hold a **ceremony**
기념식을 열다

03 organize ★★
어ㄹ거나이(즈) [ɔ́:rgənaiz]
동 준비하다, 조직하다

organize a charity event
자선 행사를 준비하다

파 **organization** 명 조직, 단체

04 invitation ★★
인뷔테이션 [invitéiʃən]
명 초대(장)

invitations to the awards banquet
시상식 연회 초대장

파 **invite** 동 초대하다

05 series ★★
씨뤼-즈 [síri:z]
명 일련, 연속

host a **series** of celebrity lectures
일련의 명사 초청 강연을 주최하다

06 celebrate ★★
셀러브뤠잇 [séləbreit]
동 기념하다, 축하하다

celebrate the 20th anniversary
20주년을 기념하다

07 occasion ★★
어케이전 [əkéiʒən]
명 사건, 경우, 특별한 일, 기회

mark an important **occasion**
중요한 사건을 기념하다

파 **occasionally** 부 가끔, 때때로

08 enthusiastic ★★
인쑤지애스틱 [inθu:ziǽstik]
형 열정적인

be pleased with the **enthusiastic**
volunteers 열정적인 자원봉사자들에 대해 만족하다

파 **enthusiastically** 부 열정적으로

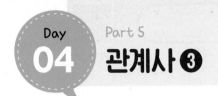

📖 관계대명사절의 수 일치

주어와 동사를 수 일치시키듯, 관계대명사가 포함된 절에서도 수 일치 원리를 적용해야 합니다. 관계대명사의 격에 따라 관계대명사절의 동사의 수를 일치시켜야 하는 대상이 다르므로 관계대명사의 격을 먼저 파악해야 합니다. 격을 파악하기 위해서는 문장 구조를 먼저 분석하고, 그 후 수 일치 대상을 찾으면 됩니다.

■ 주격 관계대명사절의 수 일치

주격 관계대명사절에서는 수식을 받는 선행사가 주어 역할을 하기 때문에 선행사에 동사의 수를 일치시킵니다.

> The researcher is looking for **people who have** a twin sister.
> 그 조사자는 쌍둥이 자매가 있는 사람들을 찾고 있다.
>
> Mr. Winston will lead **a workshop which begins** on March 10.
> 윈스턴 씨는 3월 10일에 시작하는 워크숍을 진행할 것이다.

3초 퀴즈

Any employee who ------- overtime should report to their manager.

(A) work
(B) works

■ 목적격 관계대명사절의 수 일치

목적격 관계대명사절에서는 수식을 받는 선행사가 목적어 역할을 하므로 수 일치에 영향을 미치지 않습니다. 따라서 목적격 관계대명사절의 동사는 관계대명사절의 주어에 수를 일치시킵니다.

> The president will hire the man **whom the vice president has recommended**.
> 회장은 부사장이 추천했던 그 남자를 고용할 것이다.
>
> The cleaning product **which we have developed** can remove any stain.
> 우리가 개발해온 청소 제품은 어떤 얼룩도 제거할 수 있다.

■ 소유격 관계대명사절의 수 일치

소유격 관계대명사 whose는 선행사와 뒤에 나오는 명사의 소유관계를 나타내므로 소유격 관계대명사절의 동사는 관계대명사 바로 뒤에 나오는 명사에 수를 일치시킵니다.

> The artist was asked to hold the product **whose design was** created by him.
> 그 아티스트는 그에 의해 만들어진 디자인의 제품을 들고 있도록 요청받았다.

관계대명사절이 포함된 문장에서 진짜 동사 찾기

문장에서 관계대명사절이 포함되어 있는 경우, 문장의 진짜 주어와 동사를 찾는 데 어려움을 느낄 수 있습니다. 문장의 진짜 주어와 동사 사이에 관계대명사절이 위치해 주어와 동사의 수를 일치시키는 데 혼란을 일으킬 수 있는 명사가 중간에 들어갈 수 있기 때문입니다. 관계대명사가 포함된 문장에서 동사의 수 일치 문제가 출제된다면, 우선 관계대명사절을 찾아 괄호를 치고, 관계대명사절이 수식하는 선행사, 즉 주어를 찾아 동사의 수를 일치시키면 됩니다.

> 선행사/진짜 주어   관계대명사절   진짜 동사
> **Any employee** (who attends the workshop) **is** eligible for one free beverage.
> 워크숍에 참석하는 어떤 직원이든 한 잔의 무료 음료를 받을 자격이 있습니다.

▲ 강의 바로보기

오늘 배운 내용을 바탕으로 연습문제를 풀어 보세요.

1 We are looking for a supplier whose reputation ------- excellent in the field.

(A) are   (B) being
(C) is   (D) to be

2 Artists who ------- to display work at next month's exhibition should contact Mr. Kim.

(A) wish   (B) wishes
(C) to wish   (D) wishing

3 Today, we will meet the designer whose design ------- in our advertising.

(A) is used   (B) are used
(C) being used   (D) to be used

4 The city council decided to open a new subway line that ------- its international airport with downtown areas.

(A) connection   (B) connecting
(C) connects   (D) connect

5 The manager promised to meet the deadline which the board members -------.

(A) have set   (B) has set
(C) to have   (D) having

memo _____

Today's VOCA

01 proximity ★★
프롹씨머티 [prɑksíməti]
몡 인접(성), 근접

because of its **proximity** to major local hotels
지역 주요 호텔들과의 인접성 때문에

02 local ★
로우컬 [lóukəl]
형 현지의, 지역의

use grains only from **local** farms
현지 농장에서 재배한 곡물만 사용하다

03 attention ★
어텐션 [əténʃən]
몡 관심, 주의, 집중

any issues requiring the supervisor's immediate **attention**
상사의 즉각적인 관심이 필요한 문제들

04 expire ★
익스파이어ㄹ [ikspáiər]
동 (기한이) 만료되다

The warranty will **expire** on + 날짜
품질보증이 ~에 만료된다
팁 **expiration** 몡 만료, 만기

05 celebration ★
쎌러브뤠이션 [seləbréiʃən]
몡 기념행사, 축하, 기념

be invited to Mr. MacVeigh's retirement **celebration**
맥베이 씨의 퇴임 기념행사에 초대되다

06 await ★
어웨잇 [əwéit]
동 기다리다

Ten miles of beach trails **await** you at the Blue Sea Park.
10마일의 해변 산책로가 블루 해상공원에서 여러분을 기다리고 있습니다.

07 scenic ★
씨닉 [síːnik]
형 경치가 좋은

a **scenic** coastal city
경치가 좋은 해안 도시
팁 **scenery** 몡 경치

08 intent ★
인텐(트) [intént]
몡 의도, 고의 형 집중한

announce one's **intent** to open a new retail location
소매점 한 곳을 신설할 의도를 밝히다

DAY 04

Part 5 관계사 ❸

VOCA

• 단어와 그에 알맞은 뜻을 연결해 보세요.

1 celebrate •   • (A) 충분한

2 sufficient •   • (B) 기념하다, 축하하다

3 assurance •   • (C) 보장, 확신

• 다음 빈칸에 알맞은 단어를 선택하세요.

4 because of its ------- to major local hotels
지역 주요 호텔들과의 인접성 때문에

5 be pleased with the ------- volunteers
열정적인 자원봉사자들에 대해 기쁘다

(A) enthusiastic
(B) refrain
(C) proximity

6 Please ------- from taking photos inside the museum.
박물관 내에서는 사진 촬영을 삼가십시오.

• 실전 문제에 도전해 보세요.

7 It is important that every member ------- in the next meeting.

(A) participate   (B) feature
(C) organize   (D) contribute

8 Due to a special -------, the Blue Brothers will play an additional song.

(A) invitation   (B) occasion
(C) attention   (D) ceremony

한 주 동안 학습한 내용을 적용하여 기출변형 문제들을 풀어 보세요.

▲ MP3 바로듣기

▲ 강의 바로보기

1 Why is the man calling?

(A) To offer a job
(B) To reschedule an interview
(C) To recommend a worker
(D) To request some information

2 What does the man say he will do?

(A) E-mail a schedule
(B) Deliver some items
(C) Update some records
(D) Explain a process

3 What does the woman want to know?

(A) Where to meet the man
(B) When a decision will be made
(C) Which documents to bring
(D) Who to contact for help

4 Who most likely is the woman?

(A) A musician
(B) A council member
(C) An event planner
(D) An artist

5 What problem does the woman mention?

(A) An address was incorrect.
(B) An event has been canceled.
(C) A poster design has been changed.
(D) A payment has not been received.

6 What will the man most likely do next?

(A) Revise an invoice
(B) Meet with the woman
(C) Speak with a supervisor
(D) Send a document

DAY 05

Weekly Test

한 주 동안 학습한 내용을 적용하여 기출변형 문제들을 풀어 보세요.

▲ 강의 바로보기

1 The fitness center is located in the northern part of the district, ------- is widely known for newly built facilities.

(A) who
(B) what
(C) where
(D) which

2 The magazine features an interview with Malik Jones, ------- newest album will be released next month.

(A) that
(B) which
(C) whom
(D) whose

3 Evelyn Carter, ------- is a superstar singer, has agreed to endorse the new shampoo brand.

(A) what
(B) who
(C) which
(D) whose

4 Mrs. Jang recovered all the lost files ------- she accidentally deleted from her USB.

(A) who
(B) whom
(C) which
(D) whose

5 All hotel guests who ------- "express laundry" service can have their suits ironed before breakfast.

(A) need
(B) needs
(C) needing
(D) to need

6   PWD Accounting has a basic regulations manual ------- employees read in their first year.

(A) that
(B) who
(C) why
(D) whom

7   Beirut International Airport has opened a subway system that ------- the terminal with the downtown.

(A) connection
(B) connecting
(C) connects
(D) connect

8   To win the magazine competition, readers must submit a photograph of a local building ------- architectural features are unique.

(A) where
(B) which
(C) whose
(D) those

9   Mebia Cream, ------- is made from natural ingredients, is particularly effective for dry skin.

(A) whose
(B) which
(C) where
(D) how

10 Customers who ------- their computers from LuluPC.com typically receive their orders within 6 business days.

(A) purchase
(B) purchases
(C) purchasing
(D) to purchase

Week **14**
정답 및 해설

Day 01 주제/목적을 묻는 문제

Quiz

> **M:** Hello. I'm calling to reserve a space at your hotel for a conference on June 22.
>
> **W:** No problem. How many people are you expecting to attend the event?
>
> **M:** Probably 50.

남: 안녕하세요. 6월 22일에 열리는 회의를 위해 그쪽 호텔에 공간을 예약하려고 전화 드려요.

여: 좋습니다. 행사에 몇 명 정도 참석할 것으로 예상하시나요?

남: 아마 50명 정도일 것 같아요.

Q. 화자들은 무엇을 이야기하고 있는가?
(A) 호텔에 체크인하기
(B) 회의 공간 예약하기

정답 (B)

어휘 reserve ~을 예약하다 space 공간 expect to do ~할 것으로 예상하다 attend ~에 참석하다 probably 아마도

Practice

1. (A)	2. (A)	3. (C)	4. (B)	5. (B)
6. (A)				

Questions 1-3 refer to the following conversation.

> **W:** Why do you think 1️⃣ people are not interested in our new line of T-shirts?
>
> **M:** Well, I think 2️⃣ we should run more advertisements so that more people can know about them.
>
> **W:** Hmm… Some department managers pointed that out during the meeting this morning. But you know, our advertising budget is limited.
>
> **M:** In that case, 3️⃣ how about trying to offer the items in various designs?

여: 사람들이 왜 우리의 새 티셔츠 제품 라인에 관심이 없다고 생각하세요?

남: 저, 더 많은 사람들이 그 제품들에 관해 알 수 있도록 더 많은 광고를 내야 한다고 생각합니다.

여: 흠… 몇몇 부서장들도 오늘 아침에 열린 회의에서 그 부분을 지적하셨어요. 하지만 아시다시피, 우리 광고 예산이 제한적이잖아요.

남: 그렇다면, 다양한 디자인으로 제품을 제공해 보는 것은 어떨까요?

어휘 be interested in ~에 관심이 있다 line 제품 라인, (상품) 종류 run an advertisement 광고를 내다 so that + 절: (목적) ~할 수 있도록 department manager 부서장 point A out: A를 지적하다 advertising budget 광고 예산 limited 제한적인 in that case (앞서 언급된 일에 대해) 그렇다면, 그런 경우라면 how about -ing? ~하는 건 어떨까요? try to do ~하려 하다 offer ~을 제공하다 item 제품, 품목 various 다양한

1. 화자들은 무엇을 이야기하고 있는가?
(A) 의류
(B) 새 프로그램들
(C) 회의 일정
(D) 몇몇 행사들

정답 (A)

해설 대화 주제를 묻는 문제이므로 대화가 시작될 때 특히 주의해 들어야 한다. 여자가 대화를 시작하면서 왜 사람들이 새 티셔츠 제품 라인에 관심이 없는지(~ people are not interested in our new line of T-shirts) 물은 뒤로 그 해결 방법들과 관련된 내용으로 대화가 진행되고 있다. 따라서 새 티셔츠 제품이 대화 주제임을 알 수 있는데, 이는 의류에 해당되므로 (A)가 정답이다.

어휘 clothing 의류 cf. cloth 의류, 직물 schedule 일정

Paraphrase T-shirts → Clothing

2. 화자들은 제품에 관해 무슨 말을 하는가?
(A) 충분히 광고되지 않은 상태이다.
(B) 지금 아주 잘 판매되고 있다.
(C) 할인될 것이다.
(D) 아름다운 디자인을 지니고 있다.

정답 (A)

해설 사람들이 왜 새 티셔츠 제품에 관심이 없는지 묻는 것과 관련해, 남자는 더 많은 사람들이 알 수 있도록 더 많은 광고를 내야 한다(~ we should run more advertisements ~)고 답변하고 있다. 즉 광고가 충분히 되지 않아 사람들이 잘 모른다는 뜻이므로 이를 언급한 (A)가 정답이다.

어휘 enough 충분히 sell 판매되다 discounted 할인된

3. 남자는 무엇을 하도록 제안하는가?

(A) 행사들을 더 자주 개최하는 것
(B) 회원권을 제공하는 것
(C) 더 많은 선택권을 제공하는 것
(D) 부서장들과 회의하는 것

정답 (C)

해설 남자가 제안하는 일을 묻고 있으므로 남자의 말에서 제안 표현이 언급되는 부분을 통해 단서를 찾아야 한다. 대화 마지막에 남자는 how about ~? 제안 표현과 함께 다양한 디자인으로 제품을 제공해 보도록(~ how about trying to offer the items in various designs?) 제안하고 있다. 이는 고객들에게 더 많은 선택권을 제공하는 것을 뜻하므로 (C)가 정답이다.

어휘 suggest -ing ~하도록 제안하다 hold ~을 개최하다 more often 더 자주 offer ~을 제공하다 provide ~을 제공하다 option 선택권, 옵션 have a meeting with ~와 회의하다

Paraphrase offer the items in various designs
→ Providing more options

Questions 4-6 refer to the following conversation.

M: Hello. **4** I'm calling to sign up for one of the exercise classes at your gym. I saw an advertisement on the Internet.

W: Thank you for calling, but you'll need to **5** visit our Web site and fill out a form.

M: Actually, I tried to do that, but I think there is a problem on the payment page.

W: Oh, I see. Then, **6** could you give me your credit card number? You can pay over the phone.

남: 안녕하세요. 그쪽 체육관의 운동 강좌들 중 하나에 등록하기 위해 전화 드립니다. 인터넷에서 광고를 봤어요.

여: 전화 주셔서 감사합니다만, 저희 웹 사이트를 방문하셔서 양식을 작성하셔야 합니다.

남: 실은, 그렇게 해보려고 했지만, 결제 페이지에 문제가 있는 것 같아요.

여: 아, 알겠습니다. 그러시면, 신용카드 번호를 알려 주시겠습니까? 전화상으로 지불하실 수 있습니다.

어휘 sign up for ~에 등록하다, ~을 신청하다 exercise 운동 gym 체육관 advertisement 광고 fill out ~을 작성하다 form 양식, 서식 actually 실은, 사실은 try to do ~하려 하다 payment 결제 (비용), 지불 (비용) then 그럼, 그렇다면 credit card 신용카드 over the phone 전화상으로

4. 남자는 왜 전화를 거는가?
(A) 제품을 구입하기 위해
(B) 강좌에 등록하기 위해
(C) 행사에 등록하기 위해
(D) 프로그램에 관해 문의하기 위해

정답 (B)

해설 남자가 전화를 거는 이유를 묻는 문제이므로 대화가 시작될 때 남자의 말에 집중해 들어야 한다. 남자가 I'm calling to라는 목적 표현과 함께 전화를 건 이유를 말하는 부분에서 운동 강좌들 중 하나에 등록하려 전화했다(~ sign up for one of the exercise classes at your gym)고 알리고 있으므로 (B)가 정답이다.

어휘 purchase ~을 구입하다 item 제품, 물품, 품목 enroll in ~에 등록하다(= register for) inquire about ~에 관해 문의하다

Paraphrase sign up for → enroll in

5. 여자의 말에 따르면, 남자는 무엇을 해야 하는가?
(A) 행사에 참석하는 일
(B) 양식을 작성 완료하는 일
(C) 다른 번호로 전화하는 일
(D) 설명서를 읽어보는 일

정답 (B)

해설 질문에 According to the woman이라는 말이 있으므로 여자의 말에서 정보를 찾아야 한다. 남자가 전화를 건 이유를 들은 여자가 웹 사이트를 방문해 양식을 작성해야 한다(~ visit our Web site and fill out a form)고 알리고 있으므로 양식 작성을 언급한 (B)가 정답이다.

어휘 attend ~에 참석하다 complete ~을 작성 완료하다 manual (사용) 설명서

6. 여자는 무엇을 요청하는가?
(A) 남자의 지불 정보
(B) 남자의 집 주소
(C) 남자의 회사명
(D) 남자의 전화번호

정답 (A)

해설 여자가 요청하는 것을 묻는 문제이므로 여자의 말에서 요청 사항을 언급하는 표현이 제시되는 부분에 집중해 들어야 한다. 여자는 대화 후반부에 could you ~? 요청 표현과 함께 신용카드 번호를 알려 달라고(give me your credit card number) 요청하고 있는데, 이는 남자의 지불 정보를 묻는 것이므로 (A)가 정답이다.

어휘 request ~을 요청하다

Paraphrase credit card number → payment information

Day 02 관계사 ❷

Practice

1. (B)	2. (B)	3. (C)	4. (A)	5. (B)

1.
정답 (B)

해석 파월 씨는 우리가 지난주에 검토한 그 보고서를 작성했다.

해설 선택지가 모두 관계대명사로 구성되어 있으므로 문장 구조를 파악해야 한다. 빈칸 앞에 사물 선행사가 있고, 빈칸 뒤에 주어와 동사가 있으므로 빈칸은 목적격 관계대명사 자리이다. 따라서 (B) which가 정답이다.

어휘 write ~을 작성하다 report 보고서 review ~을 검토하다

2.
정답 (B)

해석 이 최신 모델을 구매하는 고객들에게 무료 키보드가 제공됩니다.

해설 선택지가 모두 관계대명사로 구성되어 있으므로 문장 구조를 파악해야 한다. 빈칸 앞에 사람 선행사가 있고, 빈칸 뒤에 동사가 있으므로 빈칸은 주격 관계대명사 자리이다. 따라서 (B) that이 정답이다.

어휘 free 무료의 be provided 제공되다 customer 고객 purchase ~을 구매하다 latest 최신의

3.
정답 (C)

해석 구직 지원서를 처리하는 업무를 가진 사람은 인사부장인 수잔 넬슨 씨이다.

해설 선택지가 모두 관계사로 구성되어 있으므로 문장 구조를 파악해야 한다. 빈칸 앞에 사람 선행사가 있고, 빈칸 뒤에 명사가 있으므로 빈칸은 소유격 관계대명사 자리이다. 따라서 (C) whose가 정답이다.

어휘 person 사람 job 업무 process ~을 처리하다 job application 구직 지원서 human resources 인력 자원

4.
정답 (A)

해석 회의를 해야 하는 호텔 고객은 누구든 모든 장비가 갖춰진 저희 대회의실을 이용하실 수 있습니다.

해설 명사와 동사 사이에 위치할 수 없는 인칭대명사 them을 우선 소거한 후, 나머지 관계대명사들 중에서 정답을 골라야 한다. 빈칸 앞에 사람 선행사가 있고, 빈칸 뒤에 동사가 있으므로 빈칸은 주격 관계대명사 자리이다. 따라서 (A) who가 정답이다.

어휘 any 어떤 ~든 need to do ~해야 하다 conduct ~을 실시하다 fully-equipped 모든 장비가 갖춰진 conference room 대회의실

5.
정답 (B)

해석 틱톡샵은 벽 시계와 손목 시계를 수리하는 것을 전문으로 하는 가족 경영 회사이다.

해설 선택지가 모두 관계사로 구성되어 있으므로 문장 구조를 파악해야 한다. 빈칸 앞에 사물 선행사가 있고, 빈칸 뒤에 동사가 있으므로 빈칸은 주격 관계대명사 자리이다. 따라서 (B) that이 정답이다.

어휘 family-run 가족 경영의 firm 회사 specialize in ~을 전문으로 하다 repair ~을 수리하다 clock 벽 시계 watch 손목 시계

Day 03 문제점을 묻는 문제

Quiz

> **W:** Unfortunately, we've had some problems with the oven in our store. It won't turn on. That's why I called the technician.
>
> **M:** Oh, I'm glad you called him. We should get it fixed as soon as possible.

여: 안타깝게도, 우리 매장에 있는 오븐에 문제가 좀 있어요. 오븐이 켜지지 않아요. 그것이 바로 제가 기사님을 부른 이유죠.

남: 아, 그분을 부르셨다니 다행이네요. 우리는 가능한 한 빨리 그걸 수리 받아야 해요.

Q. 여자는 어떤 문제점을 언급하는가?
(A) 제품이 잘 팔리지 않는다.
(B) 기계가 제대로 작동하지 않는다.

정답 (B)

어휘 unfortunately 안타깝게도, 아쉽게도 won't: will not의 축약형 turn on 켜다 That's why ~: 그것이 바로 ~한 이유입니다, 그래서 ~했습니다 technician 기사, 기술자 I'm glad (that) + 절: ~해서 다행입니다, 기쁩니다 get A p.p.: A를 ~되게 하다 fix ~을 수리하다, 고치다 as soon as possible 가능한 한 빨리 sell 팔리다, 판매되다 work (기계, 장치 등이) 작동되다, 기능하다 properly 제대로, 적절히

Practice

1. (D)	**2.** (B)	**3.** (C)	**4.** (D)	**5.** (D)
6. (A)				

Questions 1-3 refer to the following conversation.

W: Hi, Peter. **1** I just heard that we'll be working at the launch event for the new Astrotek laptop this Saturday.

M: That's right. I just spoke to our manager, and **2** she said we'll be providing food for around fifty people. We'll also be setting up the tables and serving the food ourselves.

W: I see. But, **3** don't we have a small problem? We won't have enough workers available, because Sam and Diana will be busy at another event.

M: That's a good point. Well, let's call our part-time workers and ask them to help us.

여: 안녕하세요, 피터 씨. 우리가 이번 주 토요일에 새로운 아스트로텍 노트북 컴퓨터에 대한 출시 이벤트에서 일할 것이라고 들었어요.

남: 맞아요. 제가 방금 매니저에게 이야기를 했는데, 그녀가 말하길 우리가 약 50명에게 위한 음식을 제공할 것이라고 했어요. 그리고 우리가 또한 직접 테이블을 차리고 음식을 서빙할 것이라고 해요.

여: 알겠어요. 그런데, 작은 문제가 있지 않나요? 우린 시간이 되는 직원이 충분하지 않아요. 왜냐하면 샘과 다이애나가 다른 행사로 바쁠 것이기 때문이에요.

남: 좋은 지적이에요. 음, 파트타이머들에게 전화해서 그들에게 도와달라고 요청해봅시다.

어휘 **launch** 출시, 개시 **event** 행사 **provide food for** ~에게 음식을 제공하다 **around** 약, 대략 **set up a table** 테이블을 차리다 **serve** (음식을) 나르다, 제공하다 **available** 시간이 되는, 이용할 수 있는 **point** 지적, 요점 **part-time worker** 파트타이머, 시간제 근로자

1. 화자들은 어떤 종류의 행사에 대해 이야기하고 있는가?
(A) 거리 행진
(B) 교육 워크숍
(C) 이사회
(D) 제품 출시

정답 (D)

해설 대화 주제를 묻는 문제이므로 대화가 시작될 때 특히 주의해 들어야 한다. 여자가 대화를 시작하면서 새로운 노트북 컴퓨터의 출시 행사에서 일할 것(we'll be working at the launch event for the new Astroteck laptop)이라고 말하였고, 남자도 그 행사에 대해 대답을 하고 있으므로 제품 행사에 대한 대화가 진행되고 있음을 알 수 있다. 따라서 (D)가 정답이다.

어휘 **street parade** 거리 행진, 가두 행진, 퍼레이드 **training** 교육, 훈련 **board meeting** 이사회 (회의) **product launch** 출시

Paraphrase the launch event for the new Astroteck laptop → A product launch

2. 화자들은 어떤 업계에서 종사할 것 같은가?
(A) 패션
(B) 음식 공급업
(C) 관광업
(D) 광고

정답 (B)

해설 노트북 컴퓨터의 출시 행사에서 일하게 될 것이라는 여자의 말에 남자가 매니저와 나눴던 이야기를 언급한다. 매니저가 말하길 화자들이 약 50명의 참가자들에게 음식을 제공할 것이라며 테이블을 차리고 서빙하는 것까지 할 것(we'll be providing food for around fifty people. We'll also be setting up the tables and serving the food ourselves)이라고 말한 것을 바탕으로 화자들이 행사장에서 음식을 준비하고 제공하는 일을 한다는 것을 알 수 있다. 이는 음식 공급업에 해당하므로 (B)가 정답이다.

어휘 **industry** 업계, 산업 **catering** (출장) 음식 공급업 **tourism** 관광업

Paraphrase providing food, setting up the tables and serving the food → Catering

3. 여자가 언급하는 문제는 무엇인가?
(A) 고객이 서비스를 취소했다.
(B) 행사 공간이 너무 작다.
(C) 몇 명의 직원이 시간이 되지 않는다.
(D) 몇 가지 공급품이 배송되지 않았다.

정답 (C)

해설 여자가 남자에게 문제가 있지 않은지(don't we have a small problem?) 물으면서 문제점에 대해 언급한다. 샘과 다이애나라는 직원이 다른 행사장에서 바쁠 것이기 때문에 시간이 되는 직원이 충분히 없다(We won't have enough workers available)고 말하는 것으로 보아 몇몇 직원이 노트북 컴퓨터 출시 행사장에서 일할 수 없다는 것을 알 수 있다. 이는 몇몇 직원이 시간이 되지 않는다는 의미이므로 (C)가 정

답이다.

어휘 **client** 고객, 의뢰인 **cancel** 취소하다 **space** 공간
employee 직원 **unavailable** 시간이 되지 않는, 가용할 수
없는 **supplies** 공급품, 물자 **deliver** 배송하다, 배달하다

Paraphrase won't have enough workers available
→ Some employees are unavailable.

Questions 4-6 refer to the following conversation.

W: Excuse me. **4** I like this laptop computer, but
I wonder if it comes in another color. I want to
purchase a white one.

M: Unfortunately, we don't have it in stock at the
moment. But you could order one from our
warehouse. **5** It might take a week to have it
delivered.

W: Well, **5** the problem is… I have an important
presentation in two days and I would like to
use the new one because my old one is out of
order now.

M: **6** Let me call some other branches to see if
they have the white model. Then, you can pick it
up in person.

- -

여: 실례합니다. 이 노트북 컴퓨터가 마음에 드는데, 다른 색상으
로도 나오는지 궁금합니다. 흰색 제품을 구입하고 싶습니다.

남: 안타깝게도, 현재 저희가 그 제품을 재고로 갖고 있지 않습니
다. 하지만 저희 물류 창고에서 한 대 주문하실 수 있습니다.
배송되도록 하는 데 일주일이 걸릴 수도 있습니다.

여: 저, 문제는… 제가 이틀 후에 중요한 발표가 있는데, 기존에
제가 쓰던 것이 지금 고장 나 있어서 새것을 사용하고 싶습니
다.

남: 몇몇 다른 지점에 전화해서 흰색 모델이 있는지 알아보겠습
니다. 그런 다음, 직접 가져 가실 수 있습니다.

어휘 **wonder if** ~인지 궁금하다 **in + 색상:** ~ 색상으로
purchase ~을 구입하다 **unfortunately** 안타깝게도,
아쉽게도 **have A in stock:** A를 재고로 갖고 있다 **at the
moment** 현재 **order** ~을 주문하다 **warehouse** 창고
take + 시간: ~의 시간이 걸리다 **have A p.p.:** A를 ~되게
하다 **presentation** 발표(회) **in + 기간:** ~ 후에 **would
like to do** ~하고 싶다, ~하고자 하다 **out of order** 고장 난
Let me do ~해 드리겠습니다 **branch** 지점, 지사 **see if**
~인지 알아보다, 확인해보다 **then** 그런 다음, 그렇다면 **pick
up** ~을 가져 가다, 가져 오다 **in person** 직접 (가서)

4. 화자들은 어디에 있을 것 같은가?

(A) 자동차 수리점에
(B) 박물관에
(C) 창고에
(D) 전자제품 매장에

정답 (D)

해설 여자가 대화 첫 부분에서 한 노트북 컴퓨터가 마음에 든다고
말하고, 다른 색상이 있는지 물어보면서 흰색 제품을 원한다
(I like this laptop computer, but I wonder if it comes
in another color. I want to purchase a white one)고 말
한다. 이를 통해 화자가 있는 장소는 노트북 컴퓨터를 보고 살
수 있는 곳이면서 직원에게 제품에 관해 요청을 할 수 있는 장
소임을 알 수 있으므로 대화가 이루어지는 장소는 전자제품 매
장임을 알 수 있다. 따라서 (D)가 정답이다.

어휘 **repair** 수리 **museum** 박물관 **warehouse** 창고
electronics store 전자제품 매장

5. 여자가 걱정하는 것은 무엇인가?

(A) 수리 요금
(B) 직원 수
(C) 서비스 품질
(D) 배송 시간

정답 (D)

해설 여자가 흰색 모델이 있는지 묻자 남자는 재고가 없어 물류 창
고에서 주문해야 하는데 배송까지 일주일이 걸릴 것(It might
take a week to have it delivered)이라고 말한다. 이에 대
해 여자는 2일 후에 중요한 발표가 있는데 현재 사용하고 있
는 것이 고장 난 상태여서 새 노트북 컴퓨터를 사용하고 싶다
(the problem is… I have an important presentation in
two days and I would like to use the new one)고 말한
다. 이를 통해 여자는 노트북 컴퓨터가 배송되는 데 소요되는
시간을 걱정하고 있음을 알 수 있다. 따라서 (D)가 정답이다.

어휘 **fee** 요금, 비용 **employee** 직원 **quality** 품질 **delivery**
배송, 배달

6. 남자는 다음에 무엇을 하겠는가?

(A) 다른 매장들에 연락하는 일
(B) 발표하는 일
(C) 본사를 방문하는 일
(D) 동료 직원에게 이야기하는 일

정답 (A)

해설 대화 마지막 부분에 남자는 흰색 모델이 있는지 알아보기 위
해 다른 지점에 전화를 해보겠다(Let me call some other
branches)고 언급하는데, 이를 통해 남자가 다른 지점에 연
락을 해볼 것임을 알 수 있다. 따라서 (A)가 정답이다.

어휘 **contact** ~에게 연락하다 **make a presentation**
발표하다 **visit** ~을 방문하다 **headquarters** 본사

coworker 동료 직원

Paraphrase Let me call some other branches
→ Contact other stores

Day 04 관계사 ❸

3초 퀴즈

정답 (B)

해석 연장 근무를 하는 어떤 직원이든 그들의 부장에게 보고해야
한다.

해설 빈칸 앞에 주격 관계대명사 who가 있고, 빈칸은 관계대명사
절의 동사 자리이므로 선행사에 동사의 수를 일치시키면 된다.
employee는 단수명사이므로 단수동사 (B) works가 정답이
다.

어휘 employee 직원 work overtime 연장 근무하다 report
to ~에게 보고하다 manager 부장

Practice

| 1. (C) | 2. (A) | 3. (A) | 4. (C) | 5. (A) |

1.

정답 (C)

해석 우리는 업계에서 명성이 훌륭한 공급업체를 찾고 있습니다.

해설 빈칸 앞에 소유격 관계대명사 whose가 있고, 빈칸은 관계대
명사절의 동사 자리이므로 whose 뒤의 명사 reputation에
동사의 수를 일치시킨다. 따라서 단수동사 (C) is가 정답이다.

어휘 look for ~을 찾다 supplier 공급업체 reputation 명성
excellent 훌륭한 field 업계

2.

정답 (A)

해석 다음 달의 전시회에서 작품을 전시하고 싶은 예술가들은 김 씨
에게 연락해야 합니다.

해설 빈칸 앞에 주격 관계대명사 who가 있고, 빈칸은 관계대명사
절의 동사 자리이므로 선행사에 동사의 수를 일치시키면 된다.
Artists는 복수명사이므로 복수동사 (A) wish가 정답이다.

어휘 artist 예술가 display ~을 전시하다 work 작품
exhibition 전시회 contact 연락하다 wish to do ~하고
싶다

3.

정답 (A)

해석 오늘, 우리는 우리 광고에 사용된 디자인을 한 디자이너를 만
날 것이다.

해설 빈칸 앞에 소유격 관계대명사 whose가 있고, 빈칸은 관계대
명사절의 동사 자리이므로 whose 뒤의 명사 design에 동사
의 수를 일치시키면 된다. 따라서 단수동사 (A) is used가 정
답이다.

어휘 meet ~을 만나다 advertising 광고 use ~을 사용하다

4.

정답 (C)

해석 시 의회는 국제 공항과 도심을 연결하는 새로운 지하철 노선
을 개통하기로 결정했다.

해설 빈칸 앞에 주격 관계대명사 that이 있고, 빈칸은 관계대명사
절의 동사 자리이므로 선행사에 동사의 수를 일치시키면 된
다. 따라서 단수동사 (C) connects가 정답이다.

어휘 city council 시 의회 decide to do ~하기로 결정하다
open ~을 개통하다 subway line 지하철 노선
international airport 국제 공항 downtown area 도심
connection 연결 connect A with B A와 B를 연결하다

5.

정답 (A)

해석 부장님은 임원들이 설정한 마감시한을 맞추기로 약속했다.

해설 빈칸 앞에 목적격 관계대명사 which가 있고, 빈칸은 관계대
명사절의 동사 자리이므로 which 뒤에 있는 주어에 동사의
수를 일치시키면 된다. 따라서 복수동사 (A) have set이 정답
이다.

어휘 manager 부장 promise to do ~하기로 약속하다 meet
the deadline 마감시한을 맞추다 board members 임원
set ~을 설정하다

Day 05 Weekly Test

VOCA

| 1. (B) | 2. (A) | 3. (C) | 4. (C) | 5. (A) |
| 6. (B) | 7. (A) | 8. (B) | | |

7.

해석 모든 회원들이 다음 회의에 참석하는 것은 중요하다.

해설 빈칸에는 회원들이 회의에 대해 취할 수 있는 행동을 나타
낼 어휘가 들어가야 한다. 따라서 '참석하다'라는 뜻의 (A)
participate가 정답이다.

어휘 important 중요한 member 회원 participate 참석하다
feature ~을 특별히 포함하다 organize ~을 조직하다
contribute 헌신하다

8.

해석 특별한 상황으로 인해, 블루 브라더스는 추가적인 연주를 할
것이다.

해설 빈칸에는 블루 브라더스가 추가로 연주를 해야 할 이유를 나
타낼 어휘가 필요하다. 따라서 '경우, 사건'을 뜻하는 (B)
occasion이 정답이다.

어휘 due to ~로 인해 special 특별한 play a song 연주하다
additional 추가적인 invitation 공연 occasion 사건
attention 주의 ceremony 기념식

LC

1. (D)	2. (C)	3. (B)	4. (D)	5. (D)
6. (C)				

Questions 1-3 refer to the following conversation.

M: Hi, this is Fred Walker from Walker's Furniture.
You recently applied for a sales clerk position
here, but **1** you forgot to include two
references. Can you send those to me?

W: Oh, I'm sorry! I'll I send them by e-mail right
away.

M: Thank you. Then **2** I'll add that information to
your records.

W: Great! And, **3** do you know when you'll choose
who to invite for interviews?

M: We'll decide that by the end of this week. So,
you might get a call next Monday.

· ·

남: 안녕하세요, 저는 워커스 퍼니처 사의 프레드 워커입니다. 귀
하께서 최근에 귀사의 판매 직원직에 지원해주셨습니다만,
추천서 2부를 포함하는 것을 잊으셨어요. 저에게 그것들을
보내주실 수 있나요?

여: 아, 죄송합니다! 그것들을 지금 즉시 이메일로 보내드리겠습
니다.

남: 감사합니다. 그럼 그 정보를 당신의 기록에 추가할게요.

여: 좋습니다! 그리고, 면접 대상자를 언제 선정하실지 아시나요?

남: 이번 주 내로 결정할 거예요. 그래서 다음 주 월요일에 전화를
받게 되실 수도 있습니다.

어휘 recently 최근에 apply for ~에 지원하다 sales clerk
점원, 판매원 position 직무, 직책 forget to do ~하는 것을

잊다 include ~을 포함시키다 reference 추천서 right
away 지금 바로, 즉시 record 기록 choose ~을 선택하다
invite 초대하다, 요청하다 decide 결정하다, ~을 결정짓다
get a call 전화를 받다

1. 남자는 왜 전화하는가?
(A) 일자리를 제안하기 위해
(B) 면접 일정을 재조정하기 위해
(C) 직원 한 명을 추천하기 위해
(D) 정보를 요청하기 위해

정답 (D)

해설 대화 초반에 화자는 자신을 소개한 다음, 추천서를 제출하
지 않았다는 것을 언급하면서 보내줄 수 있는지 묻고(you
forgot to include two references. Can you send those
to me?) 있다. 추천서를 보내줄 수 있는지 Can you~?로 질
문하는 것은 정보를 요청하는 일에 해당되므로 (D)가 정답이
다.

어휘 offer ~을 제안하다 reschedule 일정을 재조정하다
recommend ~을 추천하다 request ~을 요청하다

Paraphrase two references → some information

2. 남자는 무엇을 할 것이라고 말하는가?
(A) 일정을 이메일로 보내는 일
(B) 몇몇 물품들을 배송하는 일
(C) 기록을 업데이트하는 일
(D) 과정을 설명하는 일

정답 (C)

해설 남자가 할 것이라고 말하는 것이 무엇인지 묻고 있으므로 남
자가 하겠다고 말하는 것에 대해 언급하는 부분에 집중해야
한다. 여자가 추천서를 이메일로 즉시 보내겠다고 하자 남자
가 그 정보를 기록에 추가하겠다(I'll add that information
to your records)고 말한다. 기록에 정보를 추가한다는 것은
최신 정보로 갱신하는 것이므로 (C)가 정답이다.

어휘 e-mail ~을 이메일로 보내다 schedule 일정(표) deliver
~을 배달하다 update ~을 최신 정보로 갱신하다 record
기록 explain ~을 설명하다 process 과정

Paraphrase add that information to your records
→ Update some records

3. 여자는 무엇을 알고 싶어 하는가?
(A) 어디에서 남자를 만날지
(B) 언제 결정이 내려질지
(C) 어느 서류를 가져갈지
(D) 누구에게 도움을 요청하기 위해 연락할지

정답 (B)

해설 대화 후반부에 여자가 남자에게 면접 대상자를 언제 선택할
지에 대해 묻자 남자는 이번 주 내로 결정할 것(We'll decide
that by the end of this week)이라고 말한다. 면접 대상자
를 언제 선택할지 묻는 것은 언제 결정되는지를 알고 싶어 하
는 것이므로 (B)가 정답이다.

어휘 decision 결정 document 문서, 서류 bring ~을 가져
가다 contact for ~을 위해 연락하다

Questions 4-6 refer to the following conversation.

> M: Thanks for calling Hawley City Council. This is
> Gavin Hooper speaking.
>
> W: Hi, this is Nina Malone calling. **4** The council
> recently chose some of my artworks to use in a
> marketing campaign.
>
> M: Hi, Nina. Yes, we were very impressed with the
> art you submitted. Did you receive a copy of the
> poster we used your work in?
>
> W: Yes, and it looks great. **5** The reason I'm calling
> is that I still haven't been paid the fee that we
> agreed on.
>
> M: Oh, I'm really sorry to hear that. **6** Let me talk
> to my manager and find out why there's a
> delay.
>
> ---
>
> 남: 홀리 시의회에 전화 주셔서 감사합니다. 저는 개빈 후퍼입니다.
>
> 여: 안녕하세요, 전 니나 멀론이에요. 시의회가 최근에 제 예술작
> 품 중 몇 점을 마케팅 활동에 사용하려고 선정했어요.
>
> 남: 안녕하세요, 니나 씨. 네, 저희는 당신이 제출한 예술품에 깊
> 은 인상을 받았어요. 당신의 작품이 사용된 포스터 한 부를
> 받으셨나요?
>
> 여: 네, 그건 멋져 보여요. 제가 전화 드린 이유는 합의했던 수수
> 료를 아직 지불 받지 못했다는 것입니다.
>
> 남: 아, 정말 죄송합니다. 제가 매니저에게 얘기해서 지연이 된 이
> 유를 알아보겠습니다.

어휘 council 의회 recently 최근에 artwork 예술품, 미술품
campaign 활동 be impressed with ~에 깊은 인상을
받다, ~에 감명받다 submit ~을 제출하다 work 작품 pay
~을 지불하다 fee (전문적 서비스에 대한) 수수료, 요금 agree
on ~에 합의하다 find out ~을 알아보다 delay 지연, 연기

4. 여자는 누구일 것 같은가?
(A) 음악가
(B) 시 의원
(C) 행사 기획자
(D) 예술가

정답 (D)

해설 여자의 신분을 묻는 문제이므로 근무지나 특정 업무 등과 관
련된 정보를 단서로 삼아야 한다. 여자는 시 의회가 마케팅
활동에 자신의 예술품을 선택해서 사용했다(The council
recently chose some of my artworks to use in a
marketing campaign)고 말하며 자신이 예술가임을 드러내
고 있다. 따라서 (D)가 정답이다.

어휘 musician 음악가 event planner 행사 기획자 artist
예술가, 미술가

5. 여자가 언급하는 문제는 무엇인가?
(A) 주소가 정확하지 않았다.
(B) 행사가 취소되었다.
(C) 포스터 디자인이 변경되었다.
(D) 지불금이 수령되지 않았다.

정답 (D)

해설 여자가 언급하는 문제는 전화를 건 이유를 설명하는 말에서
확인할 수 있다. 여자는 합의된 금액의 수수료를 아직 받지 못
했다(I still haven't been paid the fee that we agreed
on)고 말하며 자신의 예술품이 사용된 것에 대한 비용이 아직
지불되지 않았음을 언급하였다. 따라서 (D)가 정답이다.

어휘 incorrect 정확하지 않은, 잘못된, 틀린 cancel ~을
취소하다 payment 지불금 receive ~을 받다, 수령하다

Paraphrase haven't been paid the fee → A payment has
not been received.

6. 남자는 다음에 무엇을 하겠는가?
(A) 송장을 수정하는 일
(B) 여자와 만나는 일
(C) 상사와 이야기를 나누는 일
(D) 문서를 보내는 일

정답 (C)

해설 여자가 수수료를 받지 못했다는 말에 남자는 사과를 하면서
매니저에게 이야기하여 지연의 이유를 알아보겠다(Let me
talk to my manager and find out why there's a delay)
고 말한다. 이를 통해 남자는 자신의 상사와 이야기를 나눌 것
이라는 것을 알 수 있으므로 (C)가 정답이다.

어휘 revise ~을 수정하다, 변경하다 invoice 송장, 청구서
meet with ~와 만나다 speak with ~와 이야기를 나누다
supervisor 상사, 감독관 document 문서, 서류

Paraphrase talk to my manager → Speak with a supervisor

RC

1. (D)	2. (D)	3. (B)	4. (C)	5. (A)
6. (A)	7. (C)	8. (C)	9. (B)	10. (A)

1.

정답 (D)

해석 그 헬스클럽은 북쪽 지역에 위치해 있으며, 새로운 시설을 갖춘 것으로 잘 알려져 있다.

해설 선행사가 사물이고, 빈칸 뒤에 동사가 있으므로 주격 관계대명사 (D) which가 정답이다.

어휘 be located in ~에 위치해 있다 district 구역 be known for ~로 알려져 있다 widely 널리 newly 새롭게 facility 시설

2.

정답 (D)

해석 그 잡지는 말릭 존스 씨의 인터뷰를 특집으로 싣고 있는데, 그의 최신 앨범이 다음 달 발매될 것이다.

해설 빈칸은 앞에 제시된 사람을 수식하면서 빈칸 뒤에 있는 명사의 소유자를 나타내 줄 수 있어야 한다. 따라서 소유격 관계대명사 (D) whose가 정답이다.

어휘 magazine 잡지 feature ~을 특집으로 싣다 release ~을 발매하다

3.

정답 (B)

해석 슈퍼스타 가수인 이블린 카터 씨가 새로운 샴푸 브랜드를 광고하기로 동의했다.

해설 선택지가 모두 관계사로 구성되어 있으며, 빈칸 앞에 사람이 있고 빈칸 뒤에 동사가 있으므로 주격 관계대명사 (B) who가 정답이다.

어휘 agree to do ~하기로 동의하다 endorse (광고로) 보증하다

4.

정답 (C)

해석 장 씨는 우연히 USB에서 삭제했던 모든 잃어버린 파일을 복구했다.

해설 선택지가 모두 관계대명사로 구성되어 있으며, 빈칸 뒤에 주어와 동사가 있으므로 빈칸에는 목적격 관계대명사가 필요하다. 선행사가 사물명사이므로 (C) which가 정답이다.

어휘 recover ~을 회복하다 lost 잃어버린 accidentally 우연히 delete ~을 삭제하다

5.

정답 (A)

해석 "급속 세탁" 서비스를 필요로 하는 모든 호텔 투숙객은 아침식사 전에 다림질된 정장을 받을 수 있습니다.

해설 빈칸 앞에 주격 관계대명사가 있으므로 빈칸은 관계대명사절의 동사 자리이다. 선행사가 복수명사이므로 복수동사 (A) need가 정답이다.

어휘 guest 투숙객 laundry 세탁 have A p.p. A가 ~되게 하다 suit 정장 iron ~을 다림질하다 before ~전에 need ~을 필요로 하다

6.

정답 (A)

해석 PWD 회계에는 직원들이 입사 첫 해에 읽어야 하는 기본 규정에 관한 매뉴얼이 있다.

해설 선택지가 모두 관계사로 구성되어 있으며, 선행사가 사물명사이고, 빈칸 뒤에 주어와 동사가 있으므로 빈칸은 목적격 관계대명사가 들어갈 자리이다. 따라서 (A) that이 정답이다.

어휘 accounting 회계 basic 기본적인 regulations 규정 manual 매뉴얼 read ~을 읽다

7.

정답 (C)

해석 베이루트 국제공항은 터미널과 시내를 연결하는 지하철 시스템을 개통했다. .

해설 빈칸 앞에 주격 관계대명사가 있으므로 빈칸은 관계대명사절의 동사 자리이다. 선행사가 단수명사이므로 단수동사 (C) connects가 정답이다.

어휘 international 국제의 airport 공항 open ~을 개통하다 subway 지하철 downtown 시내 connection 연결 connect ~을 연결하다

8.

정답 (C)

해석 잡지사 대회에서 입상하려면, 독자들은 독특한 건축 양식을 지닌 지역 건축물의 사진을 찍어 제출해야 합니다.

해설 사물 선행사 a local building을 가리킴과 동시에 빈칸 뒤에 위치한 명사 architectural features의 소유관계를 나타내야 하므로 소유격 관계대명사인 (C) whose가 정답이다.

어휘 win ~에서 이기다 competition 대회 take a photograph of ~의 사진을 찍다 submit ~을 제출하다 architectural 건축의 feature 특징 unique 독특한

9.

정답 (B)

해석 미비아 크림은 천연 재료로만 만들어졌는데, 특히 건조한 피부에 효과가 좋다.

해설 선택지가 모두 관계대명사로 구성되어 있으며, 선행사가 사물이고, 빈칸 뒤에 동사가 있으므로 주격 관계대명사 (B) which가 정답이다.

어휘 be made from (재료) ~로 만들어지다 natural 천연의 ingredient 재료 particularly 특히 effective 효과가 있는 dry 건조한

10.

정답 (A)

해석 LuluPC.com에서 컴퓨터를 구입한 고객들은 보통 영업일 기준으로 6일 안에 주문품을 받는다.

해설 빈칸 앞에 주격 관계대명사가 있으므로 빈칸은 관계대명사절의 동사가 들어갈 자리이다. 선행사가 복수명사이므로 복수동사 (A) purchase가 정답이다.

어휘 customer 고객 typically 보통 receive ~을 받다
business day 영업일 purchase ~을 구입하다